AF313347

Reconnue d'utilité publique par décret du 25 décembre 1860.

LA
SYRIE D'AUJOURD'HUI
SES RESSOURCES, SON AVENIR

Par

M. J.-Alphonse DUFOUR

EXTRAIT DES MÉMOIRES DE LA SOCIÉTÉ DES INGÉNIEURS CIVILS DE FRANCE

(Bulletin d'octobre-décembre 1922)

PARIS
19, rue Blanche (9ᵉ)
1922

SOCIÉTÉ DES INGÉNIEURS CIVILS DE FRANCE

FONDÉE LE 4 MARS 1848

Reconnue d'utilité publique par décret du 22 décembre 1860

LA SYRIE D'AUJOURD'HUI

SES RESSOURCES, SON AVENIR

PAR

M. J.-Alphonse DUFOUR

EXTRAIT DES MÉMOIRES DE LA SOCIÉTÉ DES INGÉNIEURS CIVILS DE FRANCE

(Bulletin d'octobre-décembre 1922)

PARIS

19, rue Blanche (9e)

1922

LA SYRIE D'AUJOURD'HUI

SES RESSOURCES, SON AVENIR [1]

PAR

M. J.-Alphonse DUFOUR

MESSIEURS ET CHERS COLLÈGUES,

Permettez-moi, tout d'abord, de remercier le Comité de m'avoir donné l'occasion de venir vous entretenir ce soir d'une question que les récents événements qui viennent de se dérouler dans le Proche-Orient, rendent d'actualité.

Je vais donc vous parler de ce que j'ai vu dans un récent voyage fait en Syrie et de ce que de nombreuses années passées en Orient ont pu m'apprendre sur ce beau pays, placé actuellement sous le mandat français, que des liens séculaires rattachent à la France, et dont les populations nous sont entièrement dévouées.

Je n'entreprendrai pas de vous faire ici un cours d'histoire de la Syrie, qui a souvent été fait par des voix plus autorisées que la mienne. Je ne rechercherai pas davantage ce que peuvent avoir de fondées certaines critiques sur le rapport qu'il peut y avoir entre les sacrifices que nous avons faits en Syrie et les résultats obtenus. Telle que nous la voyons aujourd'hui, telle que les traités présents et futurs la délimitent, la Syrie est un pays au sort duquel la France ne doit pas se désintéresser, car elle a des obligations morales à soutenir et des intérêts matériels à sauvegarder. La France doit rester la Puissance protectrice, régénératrice de la Syrie et ce mandat, qui nous a été confié par la Société des Nations, nous devons le remplir fermement en nous attachant de donner à la Syrie le résultat de nos fortes traditions et nous devons en retirer de la part de sa population un attachement profond à nos institutions et à notre culture.

Dans quel état se trouve actuellement la Syrie, après une longue guerre, dont elle a souffert comme le reste du monde, quelles sont ses ressources actuelles, quel est son avenir, c'est ce que je vais tâcher de vous exposer aussi brièvement que possible.

(1) Voir Procès-Verbal de la séance du 27 octobre 1922, p. 394.

J'ai puisé, pour l'étude que je vous soumets, dans les notes que j'ai prises au cours de ce voyage que je viens de faire, dans mes souvenirs et aussi, largement, dans les remarquables ouvrages qui ont été publiés sur la question et notamment dans celui de M. le Docteur Samné, Président du Comité central syrien, personnalité bien connue de la société parisienne, dans les documents si complets, publiés sous les auspices du Haut-Commissariat français en Syrie et au Liban, tels que les rapports de M. Achard, Délégué pour l'agriculture au Haut-Commissariat, de M. Huvelin, Professeur à la Faculté de Droit de Lyon, chargé de mission en Syrie et Cilicie, ainsi que dans une très intéressante conférence faite par M. Edouard Coze, ancien Directeur de la Compagnie du Gaz de Beyrouth et Secrétaire général des Chemins de fer et du port de Beyrouth.

Au point de vue ethnique, la Syrie n'est pas une nation comparable à aucun autre pays. C'est plutôt un agglomérat de races et de religions qui n'ont entre elles que des relations d'accoutumance et de langage (l'arabe), mais que rien ne lie, pouvant être appelé « idée de patrie ».

Comme vous le savez, en Orient, « Religion » est synonyme de « Patrie » et si vous interrogez un oriental sur sa nationalité, il vous dira : « je suis catholique », je suis « maronite », il ne vous répondra jamais « je suis syrien ».

C'est là toute la question syrienne. Créer un État syrien, avec une mentalité syrienne et un amour de la patrie syrienne, semblait une tâche quasi insurmontable et c'est à cette difficulté que s'est heurtée notre Administration lorsque fut établi le mandat français sur la Syrie.

Il a fallu d'abord créer de petits états aussi cohérents que possible, puis, procédant par étapes, arriver à une fédération de ces États en une nation syrienne. C'est à cette tâche ardue que s'est dévoué le Général Gouraud, Haut Commissaire de la République Française en Syrie et au Liban et il faut reconnaître que si, dans les débuts, il a eu de grandes difficultés à surmonter, il est déjà arrivé à des résultats qui font honneur à sa persévérance et à sa volonté.

Ce système offre évidemment des inconvénients, mais il présente aussi de grands avantages et ceux-ci sont tels qu'avec le temps, la Fédération produira tous les effets heureux qu'on en attend.

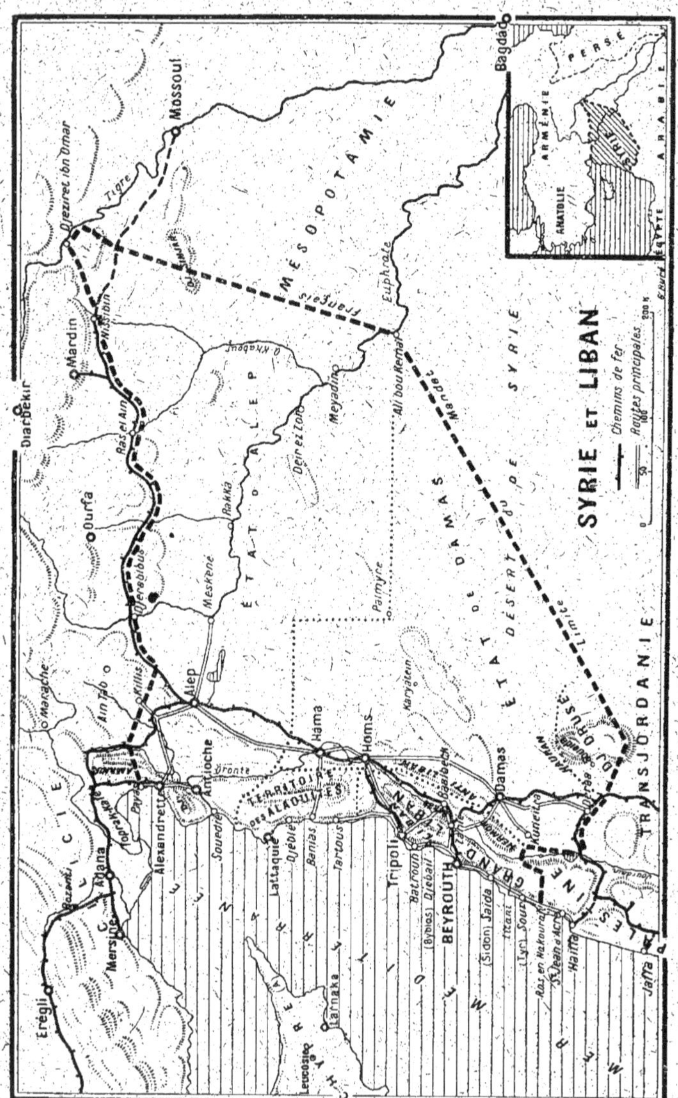

Imprimerie de l'*Abeille d'Étampes*.

Il va de soi que l'armature, le soutien de l'édifice syrien, c'est la France.

La France, qui a consenti tant de sacrifices en hommes et en argent, la France pacificatrice et bonne conseillère de ses amis syriens, parviendra à son but qui est de créer un État syrien libre, indépendant, mais reconnaissant et dévoué corps et âme à la nation mère qui l'aura formé de toutes pièces et l'aura doté d'une organisation administrative honnête et régulière.

Déjà la situation est transformée, les esprits rebelles se calment, les erreurs du début et les hésitations de la première heure ont disparu, la confiance vient en la Puissance mandataire et surtout, le budget français en Syrie diminue chaque année dans des proportions inespérées.

La Syrie comporte environ 3 millions d'habitants, ce qui ne donne qu'une densité assez faible de 18 à 20 habitants par kilomètre carré.

On compte en Syrie jusqu'à 29 groupements religieux qui peuvent se grouper en trois grandes catégories : Musulmans, Chrétiens, Juifs.

Parmi les musulmans, ceux qui sont de beaucoup les plus nombreux (1.500.000) sont les Sunnites, qui sont les orthodoxes, puis viennent les Chiites ou Métoualis (100.000) considérés comme hérétiques, car ils vénèrent Ali autant que Mohamed : les Anzariehs ou Nosairis (350.000) ; les Druzes (85.000) ; les Ismaliehs (25.000) ; les Yézidiéhs (10.000).

Les Chrétiens (700.000) représentent environ le quart de la population. Ils se divisent en chrétiens unis, c'est-à-dire rattachés à Rome (Latins, Maronites, Melkites. Syriaques, Arméniens, Chaldéens-Catholiques) et en chrétiens non unis (Grecs orthodoxes, Arméniens-Grégoriens. Jacobites, Chaldéens-Nestoriens), auxquels se rattachent les protestants.

Enfin, les Juifs (35.000) ne se rencontrent guère que dans les grandes villes.

Par cette énumération très écourtée, on se rendra compte des diversités de races et de religions et on comprendra quel doigté doit avoir l'Administration pour ne pas sembler favoriser les uns au détriment des autres, et notamment dans le choix des fonctionnaires quelles sont les difficultés à faire abstraction de ces questions de religions, pour obtenir des fonctionnaires impartiaux et compétents.

Au point de vue administratif, la Syrie est divisée en plusieurs Gouvernements qui sont les suivants :

État du Grand Liban, capitale Beyrouth ;
État de Damas, capitale Damas ;
État d'Alep, capitale Alep ;
Territoire des Allaouites, capitale Lattaquieh :
État du Djebel Druze rattaché à Damas ;
Et le Sandjak indépendant d'Alexandrette.

Chacun de ces États est subdivisé en circonscriptions prennent le nom de Sandjak, Cazahs, Mudiriehs et Nahiehs.

Le Sandjak est administré par un Moutessarif, qui correspond à peu près à nos préfets, assisté d'un Conseiller administratif de la Puissance mandataire ; le Caza est administré par un Caimakan (sous-préfet) ; le Mudirieh et le Nahiéh sont administrés par des mudirs (maires), ce sont nos cantons et nos communes.

Auprès de chaque État ci-dessus énuméré, la Puissance mandataire a un délégué qui exerce le contrôle politique et administratif du Gouvernement indigène. Auprès de ce délégué sont placés des conseillers techniques français qui assistent les directeurs indigènes des services généraux (Travaux publics, Justice, Instruction publique, Postes et Télégraphes, gendarmerie, police, agriculture, hygiène publique).

Les Gouverneurs indigènes président un Conseil administratif qui est appelé à donner son avis sur les mesures d'ordre législatif, financier, etc.

Les Moutessarifs ont également des Conseils généraux et les mudirs des Conseils municipaux. On voit que dans les grandes lignes, c'est à peu de choses près notre système administratif français, adapté aux besoins et aux usages locaux.

Au point de vue financier, chaque État a un budget particulier et doit s'efforcer de l'équilibrer autant que possible. Dans les premières années, on a dû faire un large appel aux subventions de la France, mais petit à petit, grâce aux conseils éclairés de la Puissance mandataire, les États arrivent à réduire leurs demandes de subventions et si les mesures nécessaires sont prises, ils arriveront non seulement à équilibrer leurs budgets, mais, dans un avenir assez proche à avoir des plus-values.

Le tableau suivant donnera une idée de l'état des finances pour l'année 1921.

États.	Revenus.	Subventions.	Dépenses.
Grand Liban	26 260 000	22 500 000	48 760 000
Damas.	38 392 660	21 000 000	59 392 660
Alep.	27 300 000	13 000 000	40 300 000
Alexandrette	5 118 500	4 500 000	9 618 500
Allaouïtes	7 084 000	4 635 000	11 719 000
Totaux	104 155 160	63 635 000	169 790 160

Il appert de ces chiffres que les États, qui composent la Syrie, n'équilibrent pas leurs budgets et qu'il est nécessaire de leur apporter les moyens d'augmenter leurs revenus en améliorant les moyens de production.

La Syrie est un pays éminemment agricole. Je regrette de ne pas partager l'opinion de certains esprits enclins à adopter des formules toutes faites qui courent les rues comme celle qui consiste à déclarer que la Syrie n'est qu'un monceau de cailloux entre lesquels poussent, comme par hasard, quelques herbes.

Sans adopter, non plus, le dicton arabe qui dit que « les biens de ce monde se divisent en dix portions, neuf se trouvent en Syrie, la dixième est le partage du reste du monde », il faut cependant reconnaitre que le sol syrien est d'une merveilleuse fertilité.

Par suite de la façon dont étaient perçus les impôts du temps de la domination ottomane, peut-être aussi par suite de l'indolence orientale des cultivateurs, la proportion des terres laissées en friche par rapport à celles mises en culture est considérable. Sur 4 millions d'hectares de terres cultivables, on en exploite actuellement à peine 700 000 ha. On voit de suite le champ d'action immense qui est ouvert à l'activité agricole.

Les méthodes de culture sont des plus rudimentaires. Le labourage se fait encore comme il se faisait du temps de Jésus-Christ. Aucun souci n'est pris de l'amélioration du sol. Nulle part, on n'a procédé à des analyses des terres. L'emploi des engrais chimiques est pour ainsi dire inconnu. La fumure est faite parcimonieusement par les engrais naturels du bétail qui pâture sur les chaumes. Cette fumure n'apporte au sol qu'une faible dose d'éléments fertilisants en raison de la très petite quantité de chaumes que laissent les moissonneurs et du temps très court que les animaux passent sur les champs. Il y a intérêt à développer l'emploi judicieux et rationnel des engrais chimiques, comme je l'expliquerai tout à l'heure.

On trouve cultivées en Syrie et dans le Liban toutes les plantes qui se rencontrent dans la zone tempérée, depuis son extrême limite méridionale, jusqu'à sa limite septentrionale.

La plus importante des cultures est celle des céréales qui se divisent en céréales d'hiver (blé, orge, avoine) et céréales de printemps (maïs, sorgho, millet).

Les céréales d'hiver donnent actuellement une production de 450000 t obtenues sur une superficie d'environ 650000 ha.

Sur les 4 millions d'hectares cultivables, 3 millions d'hectares pourraient être affectés à la culture des céréales d'hiver. En améliorant le matériel agricole en adoptant partout où cela est possible le matériel mécanique, en sélectionnant les graines, en améliorant les rendements des terres par un emploi judicieux des engrais chimiques joints aux engrais naturels, on arrivera à un rendement qui permettra à la Syrie d'exporter largement ses céréales et d'être pour la France un appoint considérable pour suppléer à sa production insuffisante.

Les plaines de la Bécca (entre le Liban et l'Anti-Liban) celles de Homs, de Hama, d'Alep, d'Antioche, de Lattaquieh, celle du Hauran sont des terrains de culture remarquables et on y obtiendra des résultats surprenants en appliquant les façons culturales auxquelles je viens de faire allusion.

Bien que couvrant des superficies étendues, les céréales de printemps ont une importante moindre que celles d'hiver.

Le maïs, comme le blé et l'orge se cultive en plaine comme en montagne. On le trouve à l'altitude de 1500 m. Ce n'est qu'en terres irriguées qu'il donne une production rémunératrice.

Le sorgho (dari) n'est pas cultivé à une altitude de plus de 1000 m. Sa culture est intéressante tant en raison de sa grande résistance à la sécheresse qu'en raison de son abondante production en feuilles et en graines. Les feuilles sont largement utilisées pour l'alimentation du bétail.

Le millet est un peu cultivé dans la partie méridionale de la Syrie.

Parmi les autres cultures, appelées à un développement considérable, il faut citer le coton. Cette culture qui, au moyen-âge, constituait la principale richesse de la Syrie a aujourd'hui presque totalement disparu du sol syrien. Cependant, des essais faits dans la région d'Alep, de Hama et d'Antioche, ont donné d'excellents résultats et il est certain que des cultures méthodiques, basées sur la sélection sévère des graines donneront des rendements fort intéressants et permettront de créer un coton syrien qui devra concurrencer avantageusement les meilleurs cotons connus sur le marché.

Une culture qui n'a pour ainsi dire pas été essayée en Syrie et qui, à mon avis, est appelée à des rendements rémunérateurs est celle de la betterave, alternée avec la culture des céréales. On pourra facilement créer des exploitations qui permettront de mettre sur le marché des graines de betteraves, que nous faisions venir autrefois de l'Ukraine, pays qui, pour le moment et peut-être pour de longues années, nous est encore fermé.

Parmi les plantes de la famille légumineuse on trouve en grande culture :

La vesce, la fève, le pois-chiche, la lentille, le haricot, le lupin et la luzerne. Cette dernière plante est cultivée sur de grandes étendues dans la région de Damas, on la trouve aussi dans la plaine de la Bécca où elle donne jusqu'à quatre coupes par an.

Le riz est produit sur des faibles étendues dans la plaine d'Amk. Il était cultivé autrefois dans la plaine de la Bécca mais sa culture a été abandonnée faute de moyens pratiques de le décortiquer. Des essais de culture de riz sont actuellement faits dans la région de Homs et au sud dans la région de Tibériade.

Deux types d'assollement sont pratiqués en Syrie, l'assollement biennal et l'assollement triennal.

L'assollement biennal est pratiqué sur les terres les plus fertiles et particulièrement sur les terres de bas fond. Il comporte une année de culture et une année de jachère pâturée.

L'assollement triennal, pratiqué sur les terres moins riches comporte une année de culture, une année de jachère pâturée et une année de jachère nue. Cette dernière année est généralement utilisée par les cultivateurs pour préparer la terre par des labours fréquents. Dans la région d'Alep on pratique jusqu'à sept labours dans cette année de jachère nue.

Ce procédé rappelle un peu le « dry farming », les façons culturales d'automne ameublissent la terre durcie par le piétinement du bétail et facilitent la pénétration des eaux.

Sur certaines terres plus fraîches soumises à l'assollement triennal, la jachère pâturée est remplacée par des cultures d'été sorgho, cucurbitacées.

Dans certaines parties du Liban où la culture de la pomme de terre est possible, on remplace la jachère par la culture de la pomme de terre qui alterne avec les céréales. On pourrait aussi faire alterner la betterave avec les céréales, comme je le disais tout à l'heure.

L'irrigation est appliquée en diverses régions de la Syrie. Partout où le cultivateur a pu détourner les eaux d'un fleuve, d'une rivière ou d'un cours d'eau, partout où il a pu aménager celles d'une source, il a établi des cultures irriguées. Plusieurs de ces ouvrages remontent à la plus haute antiquité et les nombreuses ruines d'aqueducs qu'on rencontre dans le pays témoignent de l'intérêt que portaient les anciens à l'irrigation de leurs terres.

Dans le plus grand nombre de cas, l'irrigation est faite au moyen de canaux de dérivation dont certains atteignent des longueurs considérables. Ailleurs on a procédé par élévation de l'eau au moyen de norias, roues hydrauliques ou pompes. Les types les plus curieux de roues hydrauliques sont celles de Hama et d'Antioche, sur l'Oronte. Ces roues, qui ont parfois plus de 15 m de diamètre, plongent dans le fleuve et amènent au moyen de leurs augets l'eau au niveau des canaux d'irrigation qui les déversent dans les jardins et dans les terrains à irriguer. A Hama, l'aspect de ces roues est des plus pittoresques et leurs axes en chêne qui tournent sur des coussinets de même essence, produisent en tournant un bruit étrange. Toutes ces roues qui tournent continuellement dans la ville de Hama produisent un ensemble d'un charme surprenant. Il semble qu'une longue mélopée se répand sur la ville et invite au calme et au repos.

Dans certaines régions, des nappes d'eau souterraines ont été captées par les Romains et notamment dans la plaine de Sélimieh, à 70 km à l'est de Homs, on a découvert tout un réseau de canaux souterrains à des profondeurs variant entre 2 et 7 m au dessous du sol. Certains de ces canaux, mis à jour se sont présentés dans un état de conservation parfaite. Les canaux sont dallés et rejointoyés si exactement que très rares sont les fissures. Mais hélas le temps a fait ses ravages et bien des éboulements se sont produits, obstruant ces canaux dont l'eau se perd dans les terres. On a commencé des travaux de recherche pour rétablir dans son entier ce réseau qui s'étend sur plus de 20 km dans tous les sens. On a même retrouvé des moulins alimentés par ces canaux souterrains et j'ai pris la photographie d'une dalle recouverte d'inscriptions grecques remontant aux commencements de la belle époque byzantine ; cette pierre se trouve à l'entrée du moulin dont on peut voir la porte ouverte à côté de la pierre.

Le réseau d'irrigation le plus étendu se trouve dans la région de Damas. Ce sont les eaux du Barada qui irriguent la majeure partie de ces terres avant d'aller se perdre dans le désert. C'est grâce à ce fleuve que Damas a pu s'entourer d'un épais rideau de jardins qui enchassent de vert la cité toute blanche. Cette utilisation des eaux de Barada remonte à la plus haute antiquité, car déjà dans la Bible, il est question des jardins de Damas. Une autre zône d'irrigation est la vallée de l'Oronte. Immédiatement après le lac artificiel que d'aucuns attribuent à Dioclétien, d'autres à la reine Zénobie, qui est formé par l'Oronte avant son arrivée à Homs, on trouve environ 4 000 ha de terres irriguées; au delà de Homs et jusqu'à son débouché dans le Gharb, le fleuve pourvoit largement à l'irrigation des terrains avoisinants.

Dans la région d'Alep, on trouve également un réseau d'irrigation sur une étendue d'environ 8 500 ha.

D'autres régions sont aussi irriguées, mais dans des conditions plutôt défectueuses. Il y aurait toute une réglementation à faire du régime des eaux, car on sait que sous la domination ottomane l'eau n'était pas considérée comme un objet de commerce. Il a fallu, en Turquie, user de singuliers artifices pour réglementer les distributions d'eau dans les villes. Les Compagnies concessionnaires n'étaient pas autorisées à vendre l'eau, mais à percevoir un droit de transport de ce liquide, droit qui était néanmoins basé sur l'emploi de compteurs.

En ce qui concerne la bonne utilisation et la mise en valeur d'une façon scientifique des terres de Syrie, je ne puis mieux faire que de vous donner connaissance d'un rapport qui m'a été remis par un de nos Collègues et mon collaborateur, M. Albert Baudry qui a, pendant de longues années, exploité d'importants domaines en Ukraine dont le climat est assez semblable à celui de la Syrie. M. Baudry a d'ailleurs visité la Syrie et il a pu se rendre compte de « de visu » de la valeur des terres syriennes.

M. Baudry remarque que depuis la plus haute antiquité, les cultivateurs de la région syrienne ont eu recours à l'irrigation, mais que cette irrigation n'est que le correctif des façons irrationnelles de la culture extensive, encore employée aujourd'hui. La méthode de culture extensive, dit-il, ne bénéficie plus qu'imparfaitement des bienfaits de l'irrigation, ce qui explique la faiblesse des rendements culturaux actuels et la mauvaise utilisation de terres dont la moitié de la superficie est laissée alternativement en jachère. Il en résulte que les terres cultivées de Syrie produisent à peine un tiers des récoltes qu'elles devraient produire par la méthode de culture intensive employant des façons culturales, élaborées simultanément dans les exploitations agricoles à climats secs tant de l'ouest de l'Amérique du Nord que dans la Russie méridionale.

Les données que nous possédons sur les conditions climatériques des vallées et plaines de Syrie, actuellement cultivées, sur la nature physico-chimique de leur sol, sur l'aptitude de ces derniers à assurer une végétation normale à un grand nombre de nos meilleures plantes, nous amènent à reconnaître que la Syrie présente les conditions requises pour acquérir rapidement, grâce à des assollements et à des façons culturales appropriées, une prospérité agricole qu'elle n'a jamais connue.

La Syrie peut et doit redevenir le grenier des pays de la Méditerranée et c'est à la puissance protectrice, à la France, de hâter la réalisation de cet événement heureux.

Les analyses physico-chimiques que nous possédons, malheureusement en trop petit nombre de la couche arable et du sous-sol syrien, mettent en évidence l'heureuse association des éléments minéraux qui les composent : de l'argile et du calcaire, en proportions souvent voisines, dont les propriétés physiques se trouvent améliorées par la présence d'un sable siliceux. De tels sols soumis à des façons culturales appropriées à leur état physique et au régime des pluies du pays, conserveront pendant un temps suffisamment long, les réserves d'humidité dont on aura favorisé l'accumulation pendant la saison des pluies d'hiver. L'art du cultivateur devra consister à ménager les réserves d'humidité qu'il aura accumulées exclusivement pour les besoins des plantes en cours de végétation, afin qu'elles ne subissent aucun ralentissement dans leur croissance et arrivent normalement à leur maturité, si, bien entendu, ne survient aucune cause extérieure fâcheuse telle que maladies parasitaires, ravages des insectes, etc.

L'expérience montre que, même après plusieurs mois d'une sécheresse persistante, les sols traités par les méthodes culturales dont nous venons de parler, conservent encore assez d'humidité pour maintenir dans le sol l'activité des microbes et bactéries utiles. Le rôle principal de ces microbes et bactéries consiste à solubiliser, grâce aux acides organiques qu'ils élaborent, les roches du sol. Cette opération a pour résultat de mobiliser au profit des récoltes une fraction des éléments fertilisants de ces roches, tels que l'acide phosphorique et la potasse et secondement de modifier l'état sous lequel l'azote organique se présente dans les sols en le minéralisant, forme sous laquelle l'azote devient directement assimilable par les plantes.

Les analyses chimiques que nous possédons des sols syriens nous montrent leur remarquable richesse en éléments fertilisants de première importance tels que l'acide phosphorique, la potasse, la chaux, la magnésie, mais nous indiquent aussi qu'un autre élément non moins important, l'azote, ne s'y trouve qu'en quantités moindres. Malgré la teneur remarquable de ces sols en ces éléments précipités, les plantes n'en utilisent qu'une partie, celle se trouvant en rapport avec la proportion d'azote minéralisé chaque année par les réactions bio-chimiques qui sont la conséquence de la vie organique qui règne dans le sol.

Un apport suffisant en azote assimilable augmentera la fertilité des sols syriens, puisqu'il permettra aux autres éléments fertilisants de jouer immédiatement dans la plénitude de leurs effets à l'égard des plantes cultivées.

Quel que soit le mode de culture auquel seront soumis les sols syriens, leur productivité sera toujours commandée par la quantité d'azote assimilable que les récoltes y trouveront à leur disposition.

La question la plus importante est de déterminer la forme sous laquelle l'azote devra être fourni au sol. Le *nitrate de soude* ou *salpêtre du Chili*, paraît, *à priori*, la forme la plus simple et la plus active, puisqu'il se présente à l'état de petits cristaux faciles à épandre et que les 15 à 16 0/0 d'azote qu'il renferme sont directement assimilables par les plantes. En pratique, il en serait tout autrement; d'abord, parce qu'épandu comme il l'est souvent en France, en doses massives, il présenterait, pour les sols de Syrie l'inconvénient, après un certain temps de son emploi de les rendre compacts en agglomérant les parties fines de leurs sables siliceux. Il favoriserait ainsi les effets pernicieux de la capillarité, c'est-à-dire la montée en surface de l'humidité du sous-sol et par suite l'assèchement du sol lui-même, ce à quoi on doit s'opposer énergiquement par des façons culturales appropriées.

Les engrais très coûteux tels que le *nitrate de soude*, le *nitrate de chaux*, la *cianamide*, le *sulfate d'ammoniaque*, dans lesquels l'*azote*, se trouve pour les trois premiers, sous la forme *nitrique* directement assimilable par les plantes et, dans la quatrième, sous la forme *ammoniacale* qui se transforme rapidement en *forme nitrique*, ne sauraient être utilisés (séparément ou en mélange) pour fournir aux plantes tout l'appoint en azote qu'elles réclament.

Pour augmenter la fertilité de ces sols, il faudra donc leur fournir de l'azote sous la forme la moins coûteuse qui est celle organique et associé à des *hydrates de carbone* (fumiers, composts, engrais organiques) indispensables aux microbes et aux bactéries. Ceux-ci pourront alors proliférer, acquérir toute leur activité et accomplir le cycle de leurs multiples transformations. Un des résultats finaux de ces transformations et réactions bio-chimiques consistera dans la solubilisation d'une fraction des éléments fertilisants des roches, la nitrification de l'azote organique et la saturation du sol par une atmosphère d'acide carbonique.

C'est ainsi qu'une terre fertile peut être comparée à un organisme vivant où les plantes puisent, par leur système radiculaire les matériaux entrant dans leur composition, comme elles puisent dans l'air, par leur système foliacé une partie de l'acide carbonique qui leur est nécessaire. Quant à la quantité complémentaire, les plantes la trouvent dans les solutions concentrées de bi-carbonates dont elles se nourrissent, résultat des multiples réactions bio-chimiques dont toute terre fertile est le siège.

Ces explications techniques, un peu longues, nous ont paru utiles pour mettre en garde contre la croyance que les engrais organiques, et notamment le fumier, ont cessé d'être indispensables au maintien de la fertilité de terres cultivées, depuis que l'on dispose dans le nitrate de soude d'un engrais renfermant sous une forme commode, de l'azote soluble dans l'eau et directement assimilable par les plantes.

Une telle erreur s'était propagée chez certains cultivateurs des régions du nord de la France qui avaient cru que par l'emploi de doses plus ou moins massives de nitrate de soude, ils pouvaient, en quelque sorte, commander aux rendements culturaux de leurs sols. Ces derniers, sous l'action continue d'un pareil traitement, subirent une modification physique désavantageuse. Ils perdirent, à un degré élevé, leur perméabilité à l'air et à la chaleur, au grand détriment des réactions bio-chimiques dont le sol arable est le siège. Le sol, ne recevant plus de fumier, ne fut plus en état de nourrir ses populations de bactéries et de microbes et vit sa fertilité décroître progressivement.

Nous ne saurions trop appeler l'attention des agriculteurs de Syrie sur l'importance capitale du rôle que les engrais organiques sont appelés à jouer comme engrais de fonds pour l'accroissement et la fertilité de leurs terres. Les engrais chimiques, grâce à la rapidité d'assimilation par les plantes des éléments fertilisants qu'ils renferment, sont uniquement appelés à parfaire l'action relativement lente, mais continue des engrais organiques.

La méthode d'épandage des engrais dite « à la volée » est à déconseiller, car une importante partie des engrais ainsi épandus n'est pas utilisée par les plantes auxquelles ils sont destinés. Le sol se trouve enrichi d'éléments fertilisant directement assimilables, mais qui ne tarderont pas de perdre leur assimilabilité à la suite des réactions chimiques qu'ils subiront dans le sol. Il est plus rationnel de n'employer que les quantités d'engrais chimiques qui peuvent être utilisés immédiatement par la récolte sur pied. C'est à quoi on arrive par l'épandage en ligne et simultané des engrais chimiques et des graines au moyen d'un semoir spécial dit « combiné » tel que celui que nous avons utilisé en Ukraine durant plus de quinze années en réalisant une économie d'engrais se chiffrant par 60 à 70 0/0. Par cette nouvelle technique, on met immédiatement à la portée des jeunes plantes toute la nourriture minérale qu'elles réclament dès le début de leur croissance et qu'elles ne peuvent encore efficacement rechercher dans le sol, vu le développement insuffisant de leur système radiculaire. Il en résulte que les jeunes plantes, nourries abondamment dès le début de leur végétation, acquièrent rapidement une robustesse qui leur permet de s'enraciner et de croître rapidement ainsi que de triompher facilement des conditions fâcheuses qui pourraient survenir (excès d'humidité ou de sécheresse, maladies parasitaires, ravages des insectes).

En résumé, un apport annuel d'environ 10 000 kg de fumier par hectare, complété par l'épandage en ligne de 200 à 300 kg d'engrais chimiques appropriés, devront tripler la productivité des terres de Syrie.

Si j'ai tenu à vous communiquer *in extenso* cette partie du remarquable rapport de mon collaborateur et ami M. Baudry, c'est que j'ai pensé qu'il vous intéresserait de connaître l'opinion autorisée d'un homme compétent qui a prouvé, par une expérience de plus de quinze années, que pour bien faire, il ne suffit pas de renier tout ce qui a été fait avant nous, mais qu'il faut surtout adapter les méthodes nouvelles aux circonstances spéciales de chaque nature de terrain.

Ce que je retiens de la communication de M. Baudry, c'est qu'en outre des méthodes de culture moderne de traction mécanique et de tout l'arsenal mis à notre disposition par l'industrie agricole, il faut avoir aussi un cheptel nombreux et c'est sur ce point également que devra se porter l'attention de ceux qui voudront s'intéresser au développement de l'agriculture en Syrie.

Le cheptel syrien qui comportait avant la guerre, selon les statistiques d'ailleurs très sujettes à caution, environ 4 millions de têtes, a beaucoup diminué du fait de la guerre. Les propriétaires font leurs efforts pour ramener ce cheptel à des chiffres importants. Ils ont besoin de notre concours financier et technique pour y arriver.

L'élevage des chevaux qui produisait les beaux types de la race arabe a également souffert de la guerre. Le Haut Commissariat a bien fait un effort en créant des haras, mais ceux-ci sont dotés d'un si maigre budget qu'ils ne peuvent acquérir les étalons de race, ni surtout les juments poulinières dont le bédouin se dessaisit si difficilement

En ce qui concerne l'industrie, la Syrie n'a rien de bien remarquable à signaler; quelques filatures de soie et de coton, des tissages à la main, quelques fabriques de tapis qui sont loin d'égaler ceux de l'Asie Mineure et de Perse, quelques fabriques de feutre grossier qui sert aux vêtements des paysans, mais d'une production très restreinte.

L'huile d'olive fabriquée dans le pays est peu comestible : elle sert surtout à la fabrication de savons qui sont consommés sur place.

Toutes ces petites industries sont à faible rendement et il n'y a pas, pour le moment, de grandes industries à prévoir tant que la situation générale du pays ne sera pas améliorée. D'ailleurs, le manque de combustible est un obstacle au développement de l'industrie.

Pour me résumer, j'ai la conviction que l'avenir de la Syrie est intimement lié au développement de son agriculture. Culture de céréales, partout où se faire se peut, développement de la culture de la vigne, partout où elle vient bien et notamment dans le Liban. Développement de la culture arbustive en utilisant les excellentes essences d'arbres fruitiers qui se trouvent dans la région de Damas. Culture alternée de la betterave et des céréales; utilisation de la betterave pour la nourriture du bétail, pour la distillerie et la production d'un alcool industriel devant servir de carburant. Culture du coton et sélection sévère des graines pour arriver à produire un coton syrien capable de concurrencer les marques étrangères. Développement de la sériculture, trop abandonnée depuis la guerre par la destruction des mûriers. Enfin, développement de l'élevage et des industries qui s'y rattachent, telle que celle de la laine qui est d'un rendement très rémunérateur.

Puis utilisation des cours d'eau existants, tant pour l'irrigation que pour la production de force motrice par laquelle on suppléera au manque de combustible. Voilà un programme digne d'intéresser ceux qui sont désireux de voir la France récupérer les sommes considérables qu'elle a investies en Syrie et de se créer un marché de céréales à sa portée.

Au point de vue touristique la Syrie offre des ressources des plus intéressantes et tous ceux qui ont eu la bonne fortune de s'y rendre en reviennent émerveillés. De confortables bateaux desservent les ports de Syrie, tels que Beyrouth, Tripoli, Alexandrette.

Si vous le voulez bien nous allons faire rapidement un voyage en Syrie.

Nous sommes donc partis de Marseille sur un vapeur très confortable et rapide qui, après une escale de 48 heures à Alexandrie nous a amené à Beyrouth en dix jours. Nous voici à Beyrouth. Nous aurons visité les établissements religieux des Jésuites, palais monumentaux qui abritent une faculté de médecine, une faculté de droit et de nombreux pavillons pour l'enseignement secondaire. Nous serons allés jusqu'à la résidence d'hiver du Général Gouraud, le Palais des pins entouré d'une forêt de pins séculaires et devant lequel est installé un champ de courses.

Nous quitterons Beyrouth en automobile qui nous mènera à Damas en trois heures. Nous gravissons d'abord le Liban, haute montagne où les Beyroutains villégiaturent durant la saison chaude. Nous nous arrêterons à la belle plaine de la Becca qui sépare le Liban de l'Anti-Liban et nous admirerons en passant la ferme modèle de Thanaïl, exploitée par les jésuites et en face d'elle, sur le coteau, les vignobles de Ksar, exploités par les mêmes jésuites, qui produisent un vin doré que je vous recommande. Ce n'est d'ailleurs pas le seul établissement des pères jésuites qui ont une station météorologique et une station de T. S. F. fort bien installées.

Nous voici à Damas, après avoir gravi l'Anti-Liban. Les palais de Damas sont merveilleux comme ornementation arabe. Ils possèdent tous une cour en marbre au milieu de laquelle jaillit un jet d'eau qui apporte toujours la fraîcheur.

Puis nous redescendons sur Homs, ville très commerçante et populeuse.

Nous arrivons à Hama, la ville aux roues chantantes.

Enfin nous arrivons à Alep, la grande ville commerçante du Nord de la Syrie.

Nous nous sommes arrêtés en route à Baalbek la ville du soleil, merveilleux amoncellement de ruines grandioses aux sources qui font un des enchantements de Baalbek.

Nous redescendons à Alexandrette par une route assez commode. Alexandrette, le grand port de l'avenir de la Syrie et de la Mésopotamie. Là nous nous sommes embarqués sur un bateau qui nous a ramenés sur Tripoli.

De Tripoli, nous avons repris une automobile, qui en deux heures nous ramène à Beyrouth. En passant le fleuve du Chien, nous nous arrêtons pour voir l'inscription qui rappelle la campagne française de 1860.

Messieurs, je ne voudrais pas terminer sans adresser ici un témoignage de ma profonde admiration au Général Gouraud, ce grand soldat auquel ont été confiées les destinées de la Syrie. On ne dira jamais assez l'importance de la tâche qu'il a assumée en acceptant de devenir l'administrateur et l'éducateur de ce pays et quelle abnégation il lui a fallu, pour avoir su, avec le tact qui le caractérise, amener à lui et à la France les sympathies de toutes les races qui composent la nation syrienne, avoir su arrondir les angles parfois si vifs qui se présentaient entre ces races et avoir obtenu les résultats d'une activité qui ne se dément jamais et d'un travail opiniâtre, joint à une affabilité dont tous ceux qui l'ont approché peuvent témoigner. Il est vraiment à souhaiter que le Général trouve auprès de ses compatriotes toute la sympathie et toute l'admiration à laquelle il a droit et que le Parlement ne lui marchande pas les crédits dont il a besoin pour parfaire son œuvre, crédits qu'il restreint, d'ailleurs, chaque année davantage.

Il faut que le Général Gouraud trouve ici l'appui moral dont il a besoin et qui est nécessaire à l'accomplissement des grands projets qu'il a préparés, Ce sera la récompense de son travail et de son activité.

La France doit contribuer aussi largement qu'elle le peut au relèvement économique de la Syrie. Elle le doit, parce qu'elle a pris vis-à-vis de la Société des Nations un engagement moral qu'elle ne peut renier. Elle le doit, parce que des traditions séculaires nous rattachent à la Syrie ; elle le doit, parce que la Syrie a les yeux fixés sur nous, qu'elle a confiance en nous et que nul ne peut se vanter d'avoir mal placé sa confiance en la plaçant sur la France. En le faisant, nous ferons bonne action. J'espère vous avoir prouvé que nous ferons, en outre, une bonne opération.

Messieurs, cette communication était terminée, lorsque j'ai appris le retour de la mission économique envoyée récemment en Syrie. Les membres de cette mission ont remporté une impression qui concorde absolument avec ce que je viens de vous dire et si j'en crois, les déclarations faites par M. Ged, Membre de la Chambre de Commerce française de Marseille : « Notre présence en Syrie n'est pas seulement pour la France une nécessité politique, c'est aussi une affaire économiquement avantageuse. La France est à l'œuvre ; là comme ailleurs son action sera féconde et glorieuse ».

9 782329 209142